AF220631

an allen anderen tagen

lars bornschein

an allen anderen tagen

gedichte zu zeiten von corona

Bibliografische Information der Deutschen National-
bibliothek:
Die Deutsche Nationalbibliothek verzeichnet diese
Publikation in der Deutschen Nationalbibliografie;
detaillierte bibliografische Daten sind im Internet
über http://dnb.dnb.de abrufbar.

Bild Cover: **iStock Orbon Alija**

Herstellung und Verlag: BoD – Books on Demand,
Norderstedt

ISBN: 978-3-7519-3517-3

Vorwort

Am 18. März 2020, meinem ersten Home-office-Tag aufgrund von Corona, stellte ich mein erstes Gedicht auf Facebook ein. Zwei weitere folgten und bei der vierten Gedicht-Veröffentlichung schrieb ich aus reiner Naivität und Übermut: ich haue jetzt jeden Tag ein Gedicht raus, bis der Scheiß vorbei ist.

Es wurden 60 Tage und 60 Gedichte. Aber ganz vorbei ist es immer noch nicht.

Die Inkubationszeit zwischen einem Themen-Impuls und dem Ausbruch eines Gedichtes lag im Schnitt bei zwei Gläsern Rotwein.

Bleiben Sie gesund.

Tag 1

Weil alles einen Anfang hat und den Patient 0

stehen geblieben

etwas ist stehen geblieben
jemand hat es gesagt
und es ist stehen geblieben

etwas ist hängen geblieben
jemand hatte ein bild
und es ist hängen geblieben

etwas ist schief gegangen
jemand plante gerade
und es ist schief gegangen

etwas ist hoch gekommen
jemand hat es klein geredet
und jetzt ist es hoch gekommen

Tag 2

Weil wir nicht wissen wie viel Zeit wir noch
haben

nach der vierten zeile
die jähe erkenntnis
das leben ist zu kurz
für ein langes gedicht

Tag 3

Weil sich die Zeiten auf seltsame Weise
änderten

corinas letztes o

oh, bitte komm mir nicht zu nah
oh, bitte komm mir nicht
oh, bitte komm
oh, bitte
oh
gestern corina
heute corona

Tag 4

Weil plötzlich die Hamsterkäufe überhand
nahmen und mir klar wurde dass ich weiter-
schreiben muss bis der scheiss vorbei ist

an alle die klopapier bunkern

dein leben ist
eine rolle klopapier
du spulst es ab

es wird schnell dünner
weil auch andere es benutzen
aber keiner es für dich wechselt

am ende kuckst du in die röhre
und erinnerst dich nur noch
an alles was scheiße war

Tag 5

Weil ich hiermit einen sprunghaften
Anstieg der Geburtenrate an Weihnachten
prognostizierte

wo jetzt so viele zuhause sind...

wenn zwei liebende
zusammenkommen
wollen sie liebend gern
zusammen kommen

das problem ist am
zusammen Kommen
es muss so viel
zusammenkommen

Tag 6

Weil viele mit dieser Situation überfordert
waren

wenn das wörtchen

wenn ich könnte wie ich wollte
würde ich machen was ich sollte
wenn ich täte was ich wüsste
ja dann würde ich was ich müsste
doch ich will nicht was ich kann
und mache nicht was ich ersann
ich weiß so viel und weiß doch nichts
noch so viel dunkelheit am ende des lichts

Tag 7

Weil niemand wusste ob er schon angesteckt
ist und wie es endet

immer noch ansteckend

nach 2 wochen quarantäne
ähnlicher isolation
hände waschen bis sie sich auflösen
in die armbeuge niesen
türklinken zu tode desinfizieren
kilometer abstand halten
krummem homeoffice-rücken
und reihenweise negativen befunden
immer noch ansteckend

dein lachen

Tag 8

Weil alles irgendwie verkehrt war

geh weg sag ich geh weg
mein blick geht durch dich durch
wir leben und atmen
nur noch aneinander vorbei
ich komme nicht
und bleibe dir fern
verscheuche dein bild
berühre dich nicht mehr
weil du mich nicht berührst
ich grenze mich ab
ziehe wassergräben zwischen uns
nichts soll von dir bleiben
entferne endgültig deine spuren
zu schärfsten mitteln
greife ich
ich liebe dich

Tag 9

Weil wir bei Corona alle im gleichen Zug
saßen, ganz unabhängig von Klasse und
Geschlecht

1. klasse

man muss zugeben
in der 1. klasse
der deutschen bahn sind
die gänge breiter
die beinfreiheit weiter
das personal durchweg heiter
die reisegäste irgendwie befreiter
nur in punkto pünktlichkeit
ist die bahn
auch in der 1. klasse
kein stück weiter

Tag 10

Weil Not erfinderisch machte und in der Krise
Phantasie die Königin war

wir waren gerade am reden
als eine unglaubliche schönheit
zur tür herein kam
und ganz kurz sich unsere blicke trafen

ich sagte zu meinem
auf distanz stehenden nachbarn
„ich könnte mir mal wieder vorstellen
mit der zu schlafen"

er fragte ungläubig „was?
du? mit der? ach hör doch auf! du held!
das ist so ziemlich
die attraktivste frau der welt"
„aber ja" sagte ich, „ich hab es mir in echt
schon öfter vorgestellt"

Tag 11

Weil es plötzlich ganz neue Engpässe gab

kinder haben verlernt
sich mit sich selbst zu beschäftigen

eltern deren kinder verlernt haben
sich mit sich selbst zu beschäftigen
haben verlernt
sich mit den kindern zu beschäftigen
und ihnen beizubringen
wie man sich mit sich selbst beschäftigt

großeltern die noch wissen
wie man sich so mit kindern beschäftigt
dass sie sich auch mit sich selbst beschäftigen
sind leider gerade vom aussterben bedroht

Tag 12

Weil es bei Sonnenschein nur schwer
auszuhalten war

wie schwer uns das fällt
herunterfahren
in den winterschlaf zurückfallen
mitten im frühlingserwachen
während die tage fortschreiten
die sonne an kraft gewinnt
natur in grünen fontänen explodiert
und das leben sich aufmacht
uneinholbar

Tag 13

Weil Abstand in jeder Hinsicht wichtig wurde.
Empfohlener Abstand im öffentlichen Bereich
1,5 bis 2 Meter.

bei allem
was da auf uns einstürzt
uns nahe geht
uns berührt
erdrückt
wie hält man abstand zu sich selbst
zur eigenen verseuchung
mit halbwissen?

Tag 14

Weil vieles ausfiel aber nicht alles

totalausfall

nicht alles fällt aus
konzerte ja schade
theater ein drama
kino ein jammer
auch partys zum heulen

aber nicht meine haare
nicht meine zähne
da ist es nur verschoben

Tag 15

Weil wir vielleicht über unsere Verhältnisse
gelebt haben und jetzt die Quittung bekamen

lastschrift

wir haben mal wieder die rechnung
ohne das leben gemacht
erst bei der letzten mahnung aufgewacht

kredit verspielt und überzogen
den wechsel zu spät eingetauscht
unser konto vom plus ins minus gerauscht

was vermögen wir noch?

heben wir nicht mehr willkürlich ab
legen wir nur noch in gefühle an
es gebe jeder nur so viel er kann

wir stellen keine generalvollmacht mehr aus
und zahlen nur noch auf unsere liebe ein
wirst sehen irgendwann wird wieder haben
sein

Tag 16

Weil unser Sorgen wuchsen und uns
schlaflose Nächte bereiteten

einschlafhilfe wenn einen sorgen plagen

stell dir einfach vor dein hirn
ist ein baumhaus in dem du gemütlich sitzt
weit oben über den wolken
wo die sonne strahlt und blitzt

richte dein baumhaus ein
mit weichen kissen und schönen dingen
mach es du errinnerst dich zum sitz
deiner kindheit es wird dir gelingen

dann pack all deine sorgen in große säcke
bind sie gut zu und stoß sie hinab
siehst du wie sie verschwinden
im tiefen, schwarzen loch?
nein? äh dann probiers nochmal
und zieh vorher die strickleiter hoch

Tag 17

Weil Schutzmasken nur bedingt schützten

schutzmasken

es ist jetzt erwiesen
dass schutzmasken wenig bringen
die rechten maulaffen geben immer noch
genau so viel kranken
rassistischen schleim von sich
wie bisher
und infizieren andere damit

erwiesen ist auch
beim tragen von schutzmasken
kann man diesen leuten
ganz ungeniert
den ganzen tag
die zunge herausstrecken
ohne sich selbst eine zu fangen

Tag 18

Weil exponentiell ziemlich schnell ziemlich
groß zu werden drohte

exponentiell

wenn du heute drei leute ansteckst
und morgen diese wieder drei
sind es übermorgen schon neun
in drei tagen siebenundzwanzig
in einer woche zweitausendeinhunder-
siebenundachtzig
in zwei wochen viermillionensiebenhundert-
zweiundachtzigtausendneunhundert-
neunundsechzig
in einem monat ist die ganze
weltbevölkerung angesteckt

stell dir vor der virus hieße „humor"
dann würden wir uns alle totlachen

stell dir vor der virus hieße „nächstenliebe"
dann hätten wir noch im mai
das paradies zurück

Tag 19

Weil uns die Krise melancholisch machte und
wir langsam seltsam wurden

liebe in zeiten von corona

ich liebe dich mindestens so
wie dein hund dich liebt
vielleicht habe ich aber auch nur
seine traurigen augen

Tag 20

Weil die Aussichten auf eine baldige
Besserung der Situation sehr schlecht waren

die aussichten für die nächsten wochen
waren so dermaßen schlecht
dass wir in unserer not
beschlossen haben
die fenster zu putzen

die stimmung ist immer noch im keller
aber die aussicht ist jetzt deutlich besser

Tag 21

Weil wir alle etwas suchten, liebgewonnenes
verloren und manches wiederentdeckten

weil mann immer etwas sucht

wo hast du's zuletzt gesehen,
dort such, dort schau!
wo bist du zuletzt damit gewesen,
dort such, dort schau!
wo es schon immer lag,
dort such, dort schau!
immer noch nicht gefunden?
ach! dann frag halt deine frau.

und wenn es deine frau nicht weiß
dann üb dich in geduld
und lass den dingen ihren lauf
irgendwann taucht was du suchtest
wieder ganz von selber auf.

hast du das ding
auch jahre später weder neu gekauft
noch ist es wieder aufgetaucht?
dann hast du es zwar gesucht
aber sicher nicht gebraucht.

Tag 22

Weil die Wirklichkeit hart war und wir
zerbrechlich

spiegelte sich der himmel
in der scheibe
die den stieglitz tötete
mitten im flug?
wie hart kann luft werden
beim einatmen der wirklichkeit?
sprich nicht weiter
sei auf der hut
auch deine lungenflügel
aus glas

Tag 23

Weil man nach Entbehrungen auch ganz ein-
fache Dinge schätzen lernte.
In der Nacht zuvor war ein riesiger Vollmond
am Sternenhimmel zu sehen.

nach all dem andauernden
abstand halten
auf distanz gehen
und berührungslos bezahlen
stehen wir mitten
in der nacht auf
und sind schon ganz
aus dem häuschen
wenn uns mal der mond
ein bisschen näher kommt
als sonst

Tag 24

Weil es Karfreitag war und der Tod nicht das
letzte Wort haben sollte

manchmal muss ich schreiben
bis an den punkt
an dem meine welt zusammenbricht

manchmal muss ich schreiben
als hätte das letzte wort
der tod

oft an solchen tagen meldet sich
das leben und schreibt
zurück

Tag 25

Weil wir jetzt Zeit hatten um lästige Arbeiten
zu erledigen

überall sprießt es wie verrückt
das gestrüpp wächst uns
langsam über den kopf
das wochenende ist sonnig
und trocken hurra
ich nehme eine große schere
und gehe einmal wie
der große Schnitter drüber
die spitzen fallen wie feinde
dahingemäht mit eifer
kanten kommen wieder
endlich sichtbar geometrisch
ich wüte mit scharfer klinge
bis alles schön gleichmäßig
kurz und ordentlich ist
sieht irgendwie scheiße aus sagst du
okay nächstes mal gehe ich
wieder zum frisör

Tag 26

Weil Reisen nicht erlaubt war, wir in der
Phantasie und der Erinnerung aber immer
reisen können

erinnerung an die piazza del campo, siena

wie dein ungleichgewichtssinn
plötzlich die schräge annahm
ein paar schritte hinab machte
auf ein zentrum zu das
als abfluss gedacht für unwetter
geneigt für immer zusammenzulaufen
und dir nichts passenderes einfiel
als dich einfach wie alle
anderen auch auf den platz
zu setzen unkompliziert plötzlich
unten angekommen auf
dem warmen stein des lebens

Tag 27

Weil es viele Sichtweisen gab und wir nicht
das recht hatten über andere zu urteilen

draußen unter der linde
treffen sich jetzt jeden tag
ein dutzend alte immer die gleichen
und reden und küssen und umarmen sich
mit rotwein gefärbten backen
als wäre nichts

auch die polizei kommt jeden tag
um die versammlung aufzulösen
doch die alten haben immer eine tafel
dabei die sie herzeigen auf abstand
dann gehen die polizisten wieder
ohne ein wort

wir haben gelebt und keine angst
vor dem tod nur vor siechtum
und davor die verbleibende zeit
einsam zu vergeuden stand darauf
und bitte keine lebensverlängernden
maßnahmen

Tag 28

Weil wir gut gelebt haben und man in Notzei-
ten anderen etwas abgeben sollte

seit einiger zeit
bringen wir mehr gewicht
auf die waage
als uns zusteht
ziemlich viel mehr

was machen wir jetzt
mit dem überschuss

wir könnten eine niere abgeben
oder blut spenden
oder einen furchtlosen
drachen gebähren
der sich von kleinen
unsichtbaren ungeheuern
ernährt

Tag 29

Weil die Furcht vor der Katastrophe die
eigentliche Katastrophe war

wir schlafen
das ohr auf den schienen
wach und im traum
man weiß ja nie
irgend etwas nähert sich uns
immer
meistens werden wir nicht überrollt
von der realität
sondern von der furcht
davor

Tag 30

Weil viel kommuniziert wurde aber wir uns
oft nicht verstanden

menschen | autoren | journalisten

immer reden sie
alle aneinander
vorbei

manche meinen
man müsste es
aufschreiben

manche meinen
man müsste es
senden

Tag 31

Weil jeder glaubte er hätte recht

besserwisser

meinung ist meinung
würde ich dir recht geben
wäre es deinung

Tag 32

Weil viel Schlimmes noch schlimmer wurde,
aber zum Glück nicht alles

schweigsame werden jetzt
vollends stumm
labile lieferketten reißen jetzt ab
chronisch überlastete krankenhäuser
kollabieren jetzt
schon angeschlagene firmen
gehen jetzt pleite
schlecht regierte länder
versinken jetzt im chaos
latent gewalttätige männer
schlagen jetzt ihre frauen
vorerkrankte sterben jetzt

nur hilfsbereite helfen jetzt
weil sie schon immer geholfen haben

Tag 33

Weil wir Abstriche machen mussten
in unserem Leben.
In diesen Tagen wurde diskutiert, ob alle auf
Corona getestet werden können.

wir mussten so viele abstriche machen
bei sozialen kontakten
beim shoppen
beim reisen
bei der freizeitgestaltung
jetzt stecken sie uns auch noch
stäbchen in den hals

Tag 34

Weil man Ruhe bewahren musste

als die krise begann
sind wir einfach
auf dem teppich geblieben
da liegen wir heute noch

Tag 35

Weil man sich jetzt auch wieder an kleinen
Dingen erfreute

hallo pflanze, wie geht's?
roll deine blüten aus
und hol die schönsten farben raus

hallo pflanze, wie geht's?
ich gieße dich mit liebe
ich mach's für deine triebe

hallo pflanze, wie geht's?
ich dünge dich mit mut
denn das tut dir sicher gut

hallo pflanze, wie geht's?
wenn ich dich jetzt pflücke
ist's nur zu meinem glücke

danke pflanze!

Tag 36

Weil wir immer noch im Dunkeln tappten

seit wochen sind jeden tag
die nachrichten voll davon
aber heißt es eigentlich
der virus oder das virus
nicht einmal so einfache dinge
wissen wir über es
oder ihn

Tag 37

Weil ich im Frühling in Herbststimmung war

ich glaube es wird herbst
die stammbäume
lichten sich
und poeten werfen
verstärkt ihre blätter

Tag 38

Weil die Krise eine Schule ist

während alle schulen schlossen
blieb eine offen
die schon immer offen war
und nie schließt
alle müssen sie besuchen
es gibt nur ein hauptfach
leben lernen mit dem sterben

Tag 39

Weil man nicht jeden Tag ein Gedicht
schreiben kann, oder doch?

fortschritt

ich sitze schon seit stunden
vor einem weißen blatt
das noch kein einziges verslein ziert

immerhin
ein kleiner fortschritt
ich schaue schon ganz kariert

Tag 40

Weil wir uns so wahnsinnig wichtig nahmen

ich hätte gerne die gelassenheit
der blaumeisen

in den letzten wochen
sind rund zweihunderttausend
durch eine bakteriell hervorgerufene
lungenentzündung verendet

die glauben nicht mal
an ein leben nach dem tod
trotzdem treten sie schwarenweise auf
und vögeln munter weiter

Tag 41

Weil ohne soziale Kontakte irgendwann jeder
den Koller bekam

es fehlt mir nichts
wirklich

nur starrt mich die decke an
früher war es anders herum
auf der terrasse schimmeln
vom gießen die tage
statt vertrocknet
nun ersäuft meine lilien
ersoffen der buchs

das badezimmer täglich
gewischt und gewienert
zum reinraum gemacht
bakterien vernichtet fünffach
in keimfreier schönheit gestorben
einmal die woche wechsle ich
die jogginghose

es fehlt mir nichts
wirklich

Tag 42

Weil wir jetzt Masken tragen mussten und ich
die Sinnhaftigkeit erst anerkennen wollte bei
Sichtung des ersten Narro im Supermarkt

durch die maske gesprochen

ds trgn vn mskn
wrd nr dzu fhrn
ds wr us nch wngr
vrsthn
mt dn augn lchn
kmmt ach ncht an
wl d brll bschlgt

Tag 43

Weil die Stimmung ständig schwankte

ermutigend ist
auch aus dem schlimmsten
kann noch gutes entstehen

beängstigend ist
auch gut gemeintes kann sich schnell
ins gegenteil verdrehen

ermutigend ist…

Tag 44

Weil es uns schlaflose Nächte bereitete

ich bin so müde und rufe
komm lieber schlaf
Ich bin bereit
doch was dann kommt
sind die gedanken
zum geleit

oh je die gedanken
schon wieder gedanken
wie sie ranken
ohne schranken
und sich zanken
will keiner wanken
von den gedanken
diese kranken
die versanken
im gehirn
das sich dreht und dreht
so wild so hoch so schnell
ich liege wach und mir ist schwindlig
vom gedankenkarussell

Tag 45

Weil wir inzwischen so übersensibel auf alles
reagierten, dass auch fast alles passieren
konnte

in der stadt
haben sie heute
einen terroristen
auf offener straße
erschossen
er rief jesus lebt
und hatte wahllos
leute umarmt

Tag 46

Weil auch Langeweile eine Plage war

der anfang des gedichtes
war noch gut und klang nach mehr
doch schon in der mitte
langweilte es mich sehr

das letzte drittel
war kaum auszuhalten
ich spare euch den schluss
und werd's zusammenfalten

Tag 47

Weil Furcht die Menschen im Griff hatte

ich wollte mich
gerade wieder ins leben stürzen
meine furcht ablegen
wie eine maske
die mich erstickt
die meisten unfälle
passieren schließlich zuhause
da hat sich mein schutzengel
die pulsadern aufgeschnitten
der verräter

Tag 48

Weil sich im Netz so viele gegenseitig nieder
machten

schreiben heißt verzicht
an leben und an licht
man schreibt im dunkeln oder nicht

geh mit meinem gedicht
nicht so hart ins gericht

eine form ist zwar pflicht
doch verständlichkeit nicht
man schreibt rätselhaft oder nicht

geh mit meinem gedicht
nicht so hart ins gericht

wenn mich der hafer sticht
wird es fast immer ein gedicht
was daraus wird ich weiß es nicht

geh mit meinem gedicht
nicht so hart ins gericht

auch wenn's mit traditionen bricht
es hält mehr als es verspricht
denn viel verspricht's ja nicht

Tag 49

Weil es früher auch schon Seuchen gab die
uns Schönes vermiesten

früher gingen wir
in die heidelbeeren
und die heidelbeeren
gingen in uns
das war lecker
dann kam der fuchsbandwurm
und machte alles zunichte

früher gingen wir
in die pilze
und die pilze
gingen in unsere pfannen
das war köstlich
dann kam tschernobyl
und verstrahlte die pilzgerichte

früher kamen wir
uns sehr nahe
und hingen zusammen
wie steckdose
und stecker
dann kam corona
seitdem schreib ich gedichte

Tag 50

Weil viele immer noch nicht wussten wie es
weitergehen sollte und verzweifelt waren

im hinterstübchen

gedankensprünge rhythmisch
folgen aufeinander und übereinander
stolpernd an der schwelle des hirnlappens
richten sich im hinterstübchen ein
sitz deiner personifizierten verwirrung
in der mitte steht ein tisch
darauf ein glas wein voll mit
der bereitschaft die nächste
aufkeimende frage
wie es weitergehen soll
einfach im rausch zu ertränken

Tag 51

Weil wir alle nach Perfektion streben und
manchmal die Lösung ganz einfach ist oder
nur dadurch gelöst werden kann, dass man
über sich selber lacht

das perfekte gedicht

von vorne bis hinten geheimnisvoll
lässt es den ausgang
offen verweigert
sich dem schnellen
zugriff die zunehmende
beunruhigung
des lesers kalkuliert es mit ein
nicht vorhersehbar sein
ist religion
man kann es
lesen in tausend
weisen und alle gleich
bedeutungslos schwer
auf das jeder
sich kurz darin erkennt
und anschließend
sehenden auges sich verheddert

mit einem Wort
das perfekte gedicht ist
geschreddert

Tag 52

Weil man sich kaum vorstellen konnte wie es
ist wenn es einen selber trifft

warten am ende des lichtgangs
zwischen flügeltüren und schwingen
warten und warten
die gewänder sind grün
wie dein ausgehusteter schleim
vermummt die gesichter
endlich ist unendlich endlich
sie schließen dich an
der himmel ist ein luftschlauch
heben und senken und heben
im brustkorb gesammelt
der schwere körper deiner stimme
rasseln im reinraum
den atem lernen
wie ganz am anfang das wort

Tag 53

Weil Vorfreude die schönste Freude war

wir mussten unsere
portugal-reise absagen
dafür schmieren wir
uns jetzt täglich
sonnencreme ins gesicht
so können wir
den nächsten urlaub
schon riechen

Tag 54

Weil wir manchmal wie in Trance waren

traumwandler

erwacht am helllichten tag
stehe hier
sehe auf mich herab
nicht wissend
wie ich hinkam
wann ich zuletzt geatmet
und wie die füße
mich trugen dort hin
wo ich bin
nur eine gewissheit geblieben
die dankbarkeit
noch immer zu leben

Tag 55

Ein Versschwörungsmärchen, weil viel zu
viele abstruse Verschwörungstheorien in den
Köpfen herumspukten

versschwörungsmärchen

das virus gibt zu protokoll dass es nicht weiß
wo es herkommt weil es bei seiner geburt
noch sehr jung war
es ist losgelaufen irgendwann abgebogen
und hat den atemweg genommen
dort hat es sich ein nest gemacht
und in einer zarten lunge
einen ganzen flügel gemietet
es schwört bei allem was ihm heilig ist
dass es den topf nicht absichtlich
auf dem infektionsherd stehen ließ
der erst die lunge abfackelte und dann
den flächenbrand verursacht hat
es entschuldigt sich in aller form
für die unannehmlichkeiten
die es allen bereitet hat
und ist untröstlich über die vielen
feuerwehrleute die beim versuch
den brand zu löschen umgekommen sind

Tag 56

Weil viele nicht an Corona sterben sondern
mit

wenn ich einen wunsch
äußern dürfte

bevor mich ein virus erledigt
würde ich lieber gerne
bei sonnenuntergang
leicht beschwipst
unter einem kippenden regal
von meinen lieblingsbüchern
erschlagen werden

Tag 57

Weil manche es schon nicht mehr hören konnten

man muss nicht
aus allem
ein gedicht machen
aus jeder
banalität
doch leider
schon wieder
zu spät

Tag 58

Weil ich so ganz langsam gefühlt zur
 besonders gefährdeten Bevölkerungsschicht
gehörte

das alter ist wirklich
ein segen
ich wollte dir böse sein
aber ich habe
vergessen warum

Tag 59

Weil wir wieder shoppen durften was nicht
alle erfreute

weibliche entscheidungsfähigkeit

wenn meine frau
schuhe kaufen will
und ich sie begleiten soll
ist das kein problem

ich habe ja noch
10 tage resturlaub

reicht mindestens
für zwei paar

Tag 60

Weil es auch eine Zeit danach gibt

an allen anderen tagen (snoopys weisheit)

statt dich schlecht gelaunt
mit trübem hiersein zu begnügen
hab spaß such das Vergnügen
und treib dir lachfalten ins gesicht
sei neben all der arbeit
auch zum müßiggang bereit
konzentriere dich mehr
auf die kür als auf die pflicht
eines tages wirst du sterben
an allen anderen tagen nicht

in dunkelbitteren zeiten
bleib gelassen und streu
den samen deiner freundlichkeiten
bis der tag anbricht
lass den schatten schatten sein
lass dir mit wonne die sonne
auf den bauch scheinen
und genieß das himmelslicht
eines tages wirst du sterben
an allen anderen tagen nicht

fang heute noch etwas neues an,
lerne sprachen, länder, menschen kennen
jede regel ist nur so lange regel
bis man mit der regel bricht
verlier dein ziel nicht aus den augen
doch für umwege bleib stets offen
dreh dich mal um und
ändere deine immer gleiche sicht
eines tages wirst du sterben
an allen anderen tagen nicht

scheue keine fehler
fehler machen dich gescheiter
jeder irrtum bringt dich weiter
du verlierst nie dein gesicht
und verzeih die fehler anderer
auch diese suchen nur
geh nicht mit ihnen und auch
mit dir selbst nicht ins gericht
eines tages wirst du sterben
an allen anderen tagen nicht

trag dein herz auf der zunge
und die liebe im herzen
bis nichts mehr an dir schweigen ist
und alles für dich spricht
riskier dich zu verlieben
enttäuschungen gibt es immer
doch hör nicht auf zu lieben
bis der trumpf des herzens sticht
eines tages wirst du sterben
an allen anderen tagen nicht

auch wenn es das letzte ist was du tust,
auch wenn dich zweifel an dir selber plagen,
du musst das leben wagen
es ist dein persönlicher unterricht
ruf deine eltern an küss deine frau
oder deinen mann umarme deine kinder
sag ihnen wie sehr du sie liebst
auch wenn es nicht immer dank verspricht
eines tages wirst du sterben
an allen anderen tagen nicht

Vita

Lars Bornschein
Geb. 1967 in Heidenheim
Wohnt in Schramberg, Baden-Württemberg

1988-90	Mitherausgeber der Literatur-zeitschrift „Blattwerk"
1990-91	Mitorganisator der Reihe „Lesung neuerer deutscher Literatur" in Bamberg
1992-95	Mitherausgeber der Literatur-zeitschrift „Der entfesselte Prometheus"

Veröffentlichungen:
* Anthologie Buchwelt 1990
* Bestückung des Lyrikbaums auf der Landesgartenschau Sindelfingen, 1990
* Literaturzeitschrift: Am Erker, 1997, 2020
* Sonderpreis Lyrik Podium Kunst, 2000
* Lyrikband „Farbe bekennen", BOD, 2008
* Lyrikband „Beziehungsweisen und andere Ungereimtheiten", BOD 2018
* Lyrik-Lesungen in Bamberg, Nürnberg, Regensburg und Schramberg